OJALÁ MAÑANA SEA PRONTO

Yuritzi Rubí Medina Rodríguez

Primera Edición 2022
Autora: Yuritzi Rubí Medina Rodríguez
yuritzitamedina@gmail.com
Edición, Maquetación y Portada:
Jeannette Figueroa
lapoetagotica@outlook.com

¡Te invoco! Comunícate conmigo, que yo no sé si eres un vivo lapidado, o un muerto que solo quiere descansar. -
Gaba Romualdo

PRÓLOGO

Este libro que tienes entre tus manos o entre tu mirada, es una historia donde la voz apasionada anhela a sus amores, percibo dos afectos, a veces hasta tres en esa vehemencia por el amante conocido, el acariciado y el que siempre falta por conocer, pero que se lleva en el alma, quizá aquel gemelo anhelado salvador de la palabra, salvador del corazón enamorado. El ritmo de los trece poemas es un vaivén de mareas internas, es el cielo a la orilla de un océano de ansiedades sin pudor, sin miedo a sucumbir una y otra vez en los brazos del amado; delirio, frenesí, volcán. Ciento noventa y cinco versos que invocan "Ojalá mañana sea pronto". La espera de esa promesa del amante de volver otra vez. La voz poética entrega cadencia, espacios, se entrelaza entre la lujuria y la ternura; comienza y finaliza, finaliza y comienza con la historia amorosa: "quiero", "busco", "dime", "ven", "jamás", "quisiera", "mira", "juntos", "tantas veces". La atmósfera a veces es caótica con tormentas, con dolor, con desesperación, otras veces es un lecho extendido, arrebatado, complacido. Puede ser una historia de amor, puede fraccionarse en canciones, puede ser una trampa de la poeta para envolverte despacio en sus formas, en las preguntas, para hacerte sucumbir en su mañana. El riesgo es tuyo, la poesía de Yuritzi te puede arrebatar la voluntad, sus palabras son sentencias; es entonces cuando decido retirarme y dejarte a ti este libro entre tus manos o entre tu mirada. -

Nina Mier

Primavera, 2021

Quiero un sermón de besos en una liturgia de
pasión.
Quiero una noche de excesos bajo alguna
constelación.
Quiero un café con tu aroma, una mañana con tu
sabor.
Quiero adueñarme de tu espalda sin pedir
absolución.

El sentimiento es legítimo, dijiste,

el juego es tuyo, dijiste,

la cancha te pertenece, dijiste.

Mírate ahora tan libre de elegir,

tan buen jugador,

tan dueño de mí.

Busco tus besos

en esta noche fría,

busco tus manos

que arropen mis heridas,

busco tus labios

para saciar mi sed,

mi lujuria.

Dime dónde buscarte,

dime ahora dónde correr

si a todos los sitios siempre llego tarde...

—Dime, por piedad amor, dime

dónde encontrarte—

Por qué no vienes, por qué tú y no cualquier otro.

Por qué esperé tanto para decirlo.

Por qué me agobio con mi propio silencio.

Por qué si nunca me he mirado en tus ojos.

Por qué mis ganas de volverte loco.

Si tú te vieras como yo te veo,

no existieran ya más tus miedos.

Si tú anhelaras como yo te anhelo,

si tú quisieras, como yo te quiero.

Si tú te vieras como yo te veo,

¡Con tantas ganas de darte un beso!

Si tú me dejas te garantizo iremos juntos al paraíso.

Si tú desearas como yo deseo,

ser toda tuya y tú seas mi dueño.

Si tú te vieras como yo te veo,

cada noche aquí en mis sueños.

Ven corriendo a mí, y no me pidas nada que todo
quiero darte en silencio y en calma.
¡Ven, date prisa que mi piel te reclama!
Acaríciame, como lo hace el viento esta mañana.
Se incrusta en cada parte de mi cuerpo y me
provoca ansias.
¡Ven, date prisa mi piel te reclama!
Toca mis labios con tus dedos y has que me
carcoman los anhelos.
Los deseos me consumen ya de a poco.
¡Ven, date prisa mi piel te reclama!
Bésame lentamente y susúrrame un te quiero, que
no lleve prisa, que no sea pasajero.

¡Ven, date prisa mi piel te reclama!

Envuélveme en tus brazos y quédate hasta la noche.

Vete mientras duermo y no sentiré, jamás por eso te haré un reproche.

Seré masoquista hasta que pueda verte.

Escribiré versos con mi sangre si la tinta se consume. Rasgaré mis labios de tanto musitar tu nombre. Haré poemas por cada vez que te cruces en mi mente. Cantaré sonetos esperando que tú escuches. Cada noche, una cita con mi soledad y tú en mis descripciones. Esperaré intranquila y casi de manera horripilante. Escribiré en el balcón de algún lugar imaginado y distante. Trazaré en mis líneas con tremenda desesperación; que ojalá mañana sea pronto, que tú llegada ya no tarde...

Cualquier pretexto me serviría para volver, y volvería, estoy segura, con la prisa con que se desvanece el azúcar, como se esparce la arena en el desierto o en el mar.

Con la furia de una tormenta, hartaría tu existencia con mis poemas, exhalaría por último aliento, que tu nombre corre por mis venas. Gritaría que no importa cuánto ha pasado, que ha pasado, ni porqué en un futuro sucedería.

Te amo con todo y esta mísera existencia mía.

Quisiera me permitieras probar el dulce néctar de tus matizados labios, recorrer tus mejillas con la yema de mis dedos.

Quisiera fundirme una noche cualquiera entre tus brazos, escuchar tu voz susurrando un verso de algún poeta olvidado.

Quisiera envolverme entre el encanto de tu aroma, entre una risa seca, entre tus bromas.

Quisiera sigilosamente llegar hasta tu puerta y me dejes entrar sin hacer preguntas.

Quisiera pasar los años a tu lado y disfrutarlos con café y endulzarlo con tus labios.

Quisiera perder el tren una mañana he ir corriendo a tu regazo, llorar entre tus noches y calmar mi sed en tus aguas de reposo.

Quisiera una tarde amena con tus ojos en mis labios, con tu cabello entre mis dedos, con tus vivencias forjando recuerdos, con tus brazos en mi cintura.

Quisiera una noche de lluvia y una tarde de charlas amenas.

Quisiera que aquí estuvieras, abrazarte fuerte y que no te fueras.

¡Ay, amor mío! Tu demora se convierte en padecimiento y no hay cura, no hay medicamentos, para mi cuerpo que te insiste, para mi mente en la cual fluyes, para mis pensamientos desconcertados.

¡Ay, amor mío! Accede ya y embárcate, en esta aventura desorbitada, en este incierto pero excitante viaje de experiencias, de besos, de pasión.

¡Ay amor mío! Ven a mis brazos, vida mía besa mis labios, incinera este amor que me hiela, envuélveme toda en la llama de tus brazos.

Mira que me ahogo en el mar inmenso de tu ausencia, mira que me quiebro como un montón de linternas, mira que mi luz no brilla sin tu presencia ven a mis brazos amor mío y hazme estallar.

Olvídate ya de la indiferencia.

Y ahora, ¿para dónde voy?, ¿a qué lugar dirigirme y
en qué dirección?
Me siento perdida y nauseabunda, por estos pasillos
tan estrechos del amor, el amor y sus trabas, el amor
y sus impulsos, el amor y sus alas.
Yo siempre estoy tratando de huir de cualquier cosa
que me haga sentir aprisionada pero en cierto modo
siento que amo este cautiverio del cual soy presa
ahora.
Juro, que quisiera sentarme en el montón de
escombros de estos días que pesan y arrodillarme
frente al altar de tu boca, recitar poemas y prosas
cargados de la ansiedad con que deseo en ti
volverme aún más loca.

Y ansío con ganas inmensas el hacerte mío, y no por una noche ni por dos días, hacerte mío con la extensión de la palabra completa, quiero amarte y cuidarte, besarte y enseñarte a amarme, quiero saltar a tus brazos cada tarde y morir en tu pecho después del desastre, quiero hacerte mío para siempre con toda la extensión de la palabra completa...

Tantas veces, te he tenido ya conmigo.

Tantas veces, he disfrutado de ti sin llegar al hastío.

Tantas veces, he sentido tus manos; deslizarse por todo mi cuerpo con delicadeza y desafío.

Tantas veces, me he incendiado para quemarme contigo.

Tantas veces, me he enamorado de tu voz susurrándome al oído.

Tantas veces, me he perdido en tus labios y en tu mirar perdido.

Tantas veces, tu pecho me ha llevado a soñar en mi paraíso.

Tantas veces, la región más escondida de mi universo ha sido tu sitio preferido.

Tantas veces, me he embriagado con tu bohemia y con tu ingenio.

Tantas veces, mis labios han susurrado tu nombre y te han traído conmigo.

Tantas veces, tu piel ha estado en mi piel, tus besos en los míos, tu ser en mi ser, tu alma al lado mío.

Ya quédate conmigo y seamos felices juntos en mi paraíso.

AGRADECIMIENTO:

Primeramente quiero agradecer a Dios por el talento que me ha regalado, a mis seguidores de letras, sin ellos no sería posible darme a conocer, quiero agradecer a Nina Mier por el prólogo, quiero agradecer a mi eterno amor, mi esposo Jorge Alberto Barraza Perales, por su apoyo, el encargado de tomar la foto y por todo su amor, por siempre y para siempre en mi ser, quiero agradecer a Jeannette Figueroa por la edición y maquetación del libro. Eternamente agradecida.

Yuritzi Rubí Medina Rodríguez

www.ingramcontent.com/pod-product-compliance
Lightning Source LLC
LaVergne TN
LVHW091243150826
845673LV00003B/1274

* 9 7 9 8 4 0 5 1 4 5 8 8 4 *